edition taberna kritika

Die edition taberna kritika wird vom Bundesamt für Kultur
mit einem Strukturbeitrag für die Jahre 2016-2018 unterstützt.

Derek Beaulieu
Konzeptuelle Arbeiten

http://www.etkbooks.com/

Gestaltung: etkbooks, Bern
Coverzeichnung: Derek Beaulieu



Bibliografische Information der Deutschen Nationalbibliothek:
Die Deutsche Nationalbibliothek verzeichnet diese Publikation in der Deutschen Nationalbibliografie; detaillierte bibliografische Daten sind im Internet über http://www.dnb.de abrufbar.

ISBN: 978-3-905846-45-4

Derek Beaulieu

# Konzeptuelle Arbeiten

edition taberna kritika

Für Madeleine

# Inhalt

# Flatland 1–21

*flatland: a romance of many dimensions* übersetzt Seite für Seite den gleichnamigen Roman von Edwin Abbott. Abbotts Roman ist eine allegorische Kritik am britischen Klassensystem. Es bemängelt dabei auch das Bildungssystem für Frauen im ausgehenden 19. Jahrhundert. Das Buch war über hundert Jahre lieferbar. Es erzählt die Geschichte eines Quadrats [A.Square], eines vernunftbegabten, zweidimensionalen Vierecks, das in "Flatland" lebt, einer Welt ausschliesslich für Vielecke. Das Quadrat wird von einer Kugel besucht, einer Bewohnerin einer - als bedrohlich empfundenen - dreidimensionalen Welt. Die Kugel begleitet das Quadrat durch verschiedene Welten, das "Pointland", "Lineland", "Flatland", "Spaceland", und diskutiert Theorien der Vier- und Fünfdimensionalität.
Beaulieus Übersetzung setzt die kalte Logik der Flatland-Bewohner in einem konzeptuellen Verfahren um. In *Flatland* ist das Lesen keine Frage der Sammlung von Informationen, des Wissenserwerbs oder der Unterhaltung, sondern des Zeichnens und fortschreitenden Tabellierens flüchtiger Objekte. Beaulieu ist hier demnach eher Zeichner als Schriftsteller. Zudem sollten auch keine kreativen, sondern geradezu unkreative Lösungen ("uncreative writing") gesucht werden. Auf jeder Seite transponiert *Flatland* ursprüngliche Wortkonstellationen in EKG-ähnliche Darstellungen zu scheinbar pulsierenden Aktienkursen, die möglichen Investoren aber nichts vermitteln. Rein diagrammatische Darstellungen ohne weiterführende Informationen machen *Flatland* damit unlesbar. Zu der vordergründigen Darstellung statistischer Analyseästhetik anstelle von Bedeutungsinhalten in *Flatland* bemerkt Kenneth Goldsmith, es handle sich dabei um ein komplett unlesbares Werk, aber dennoch um eines aus Sprache.

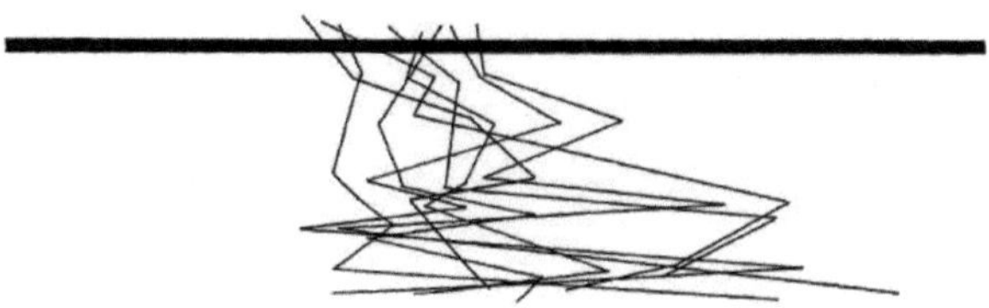

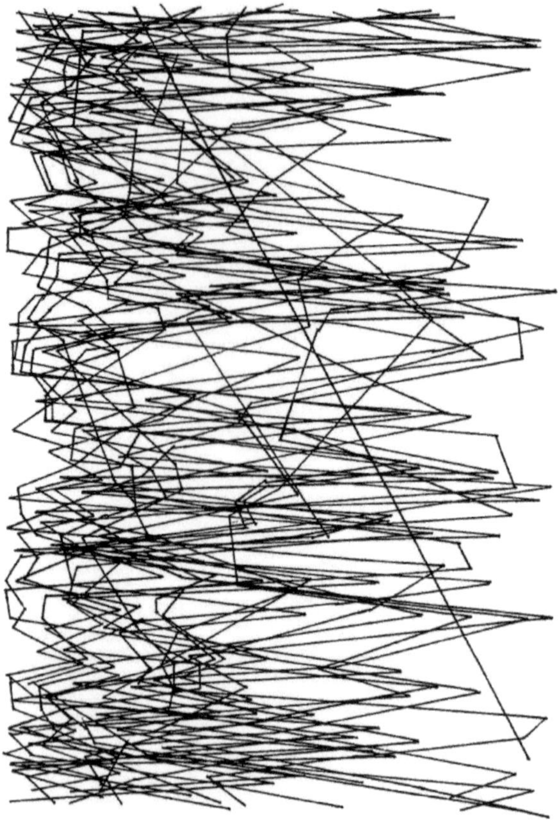

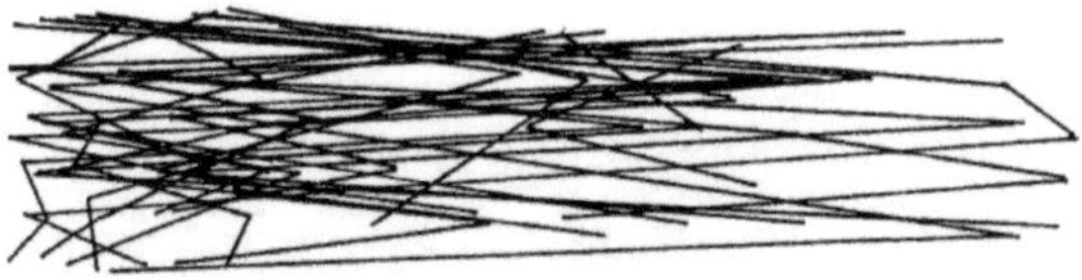

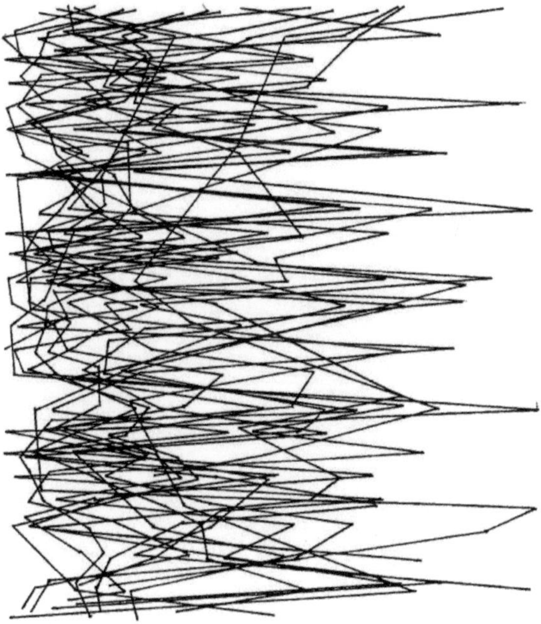

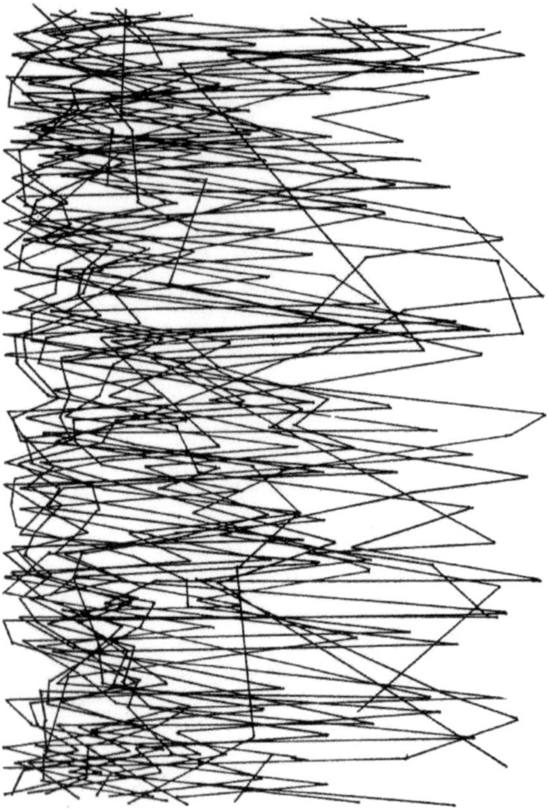

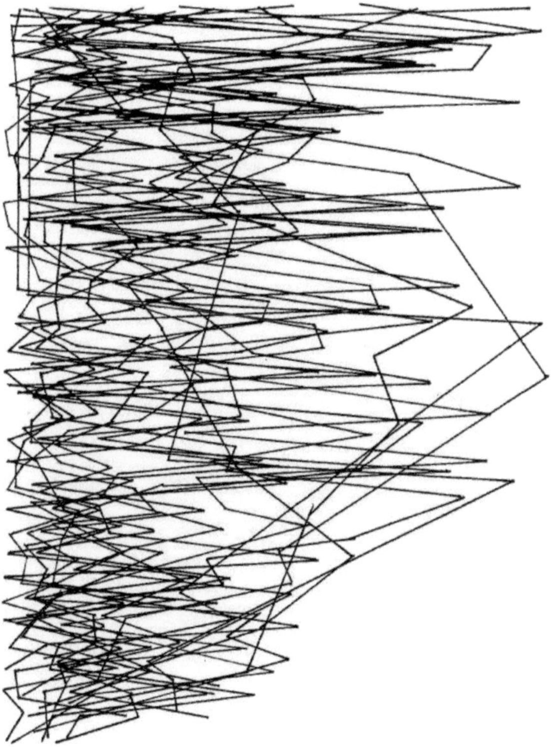

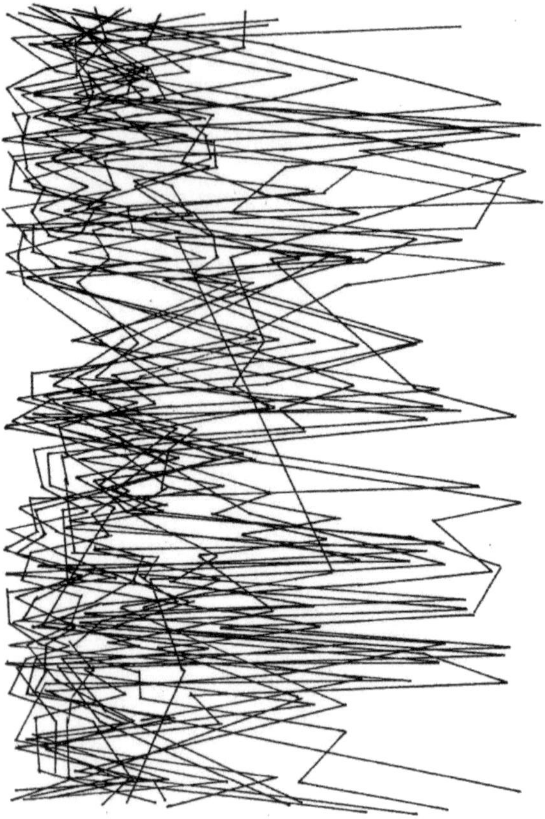

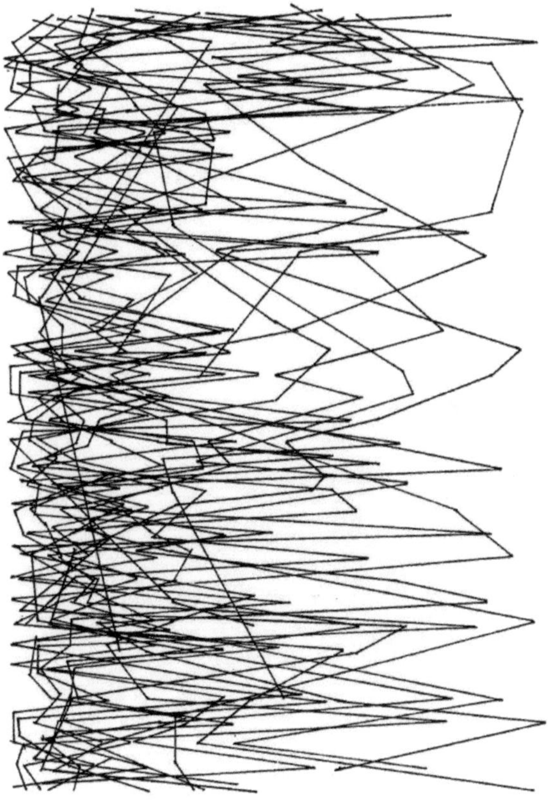

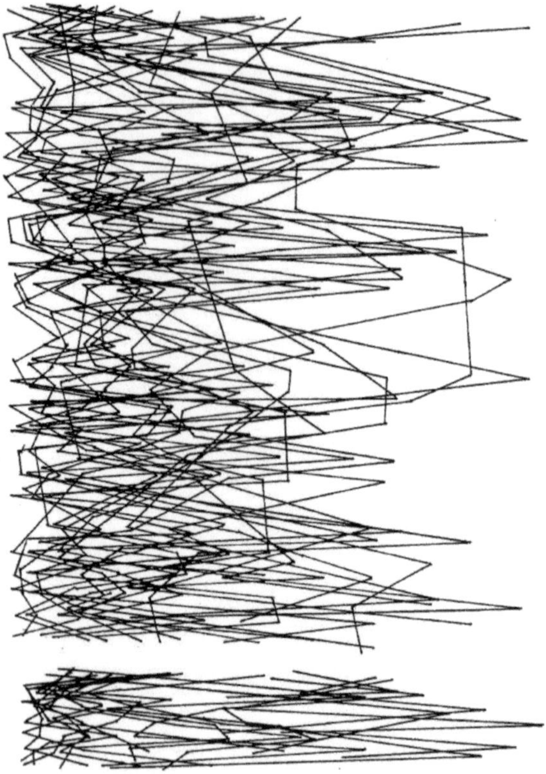

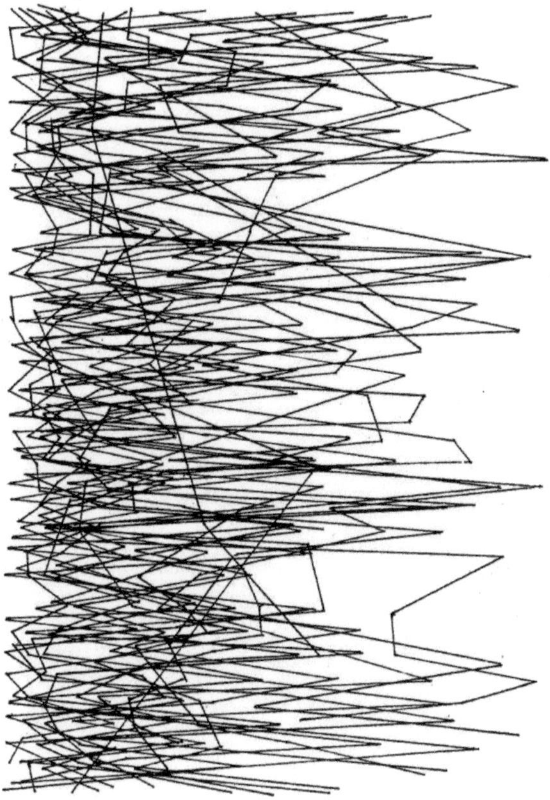

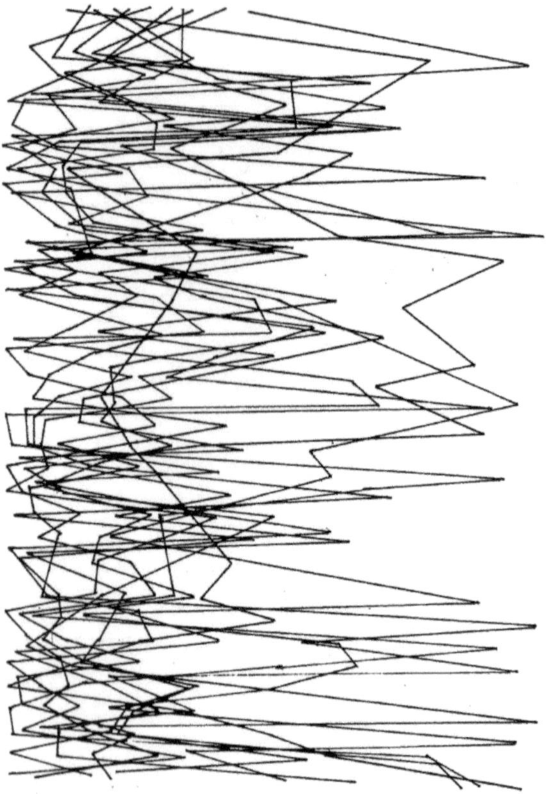

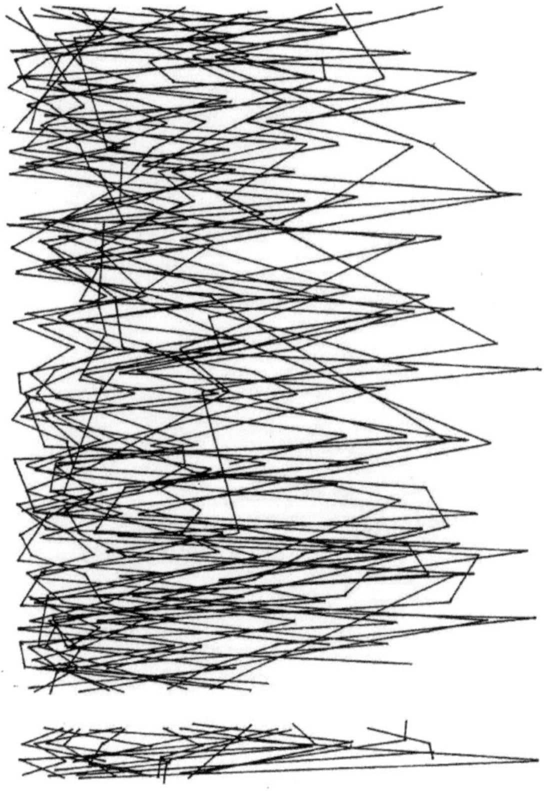

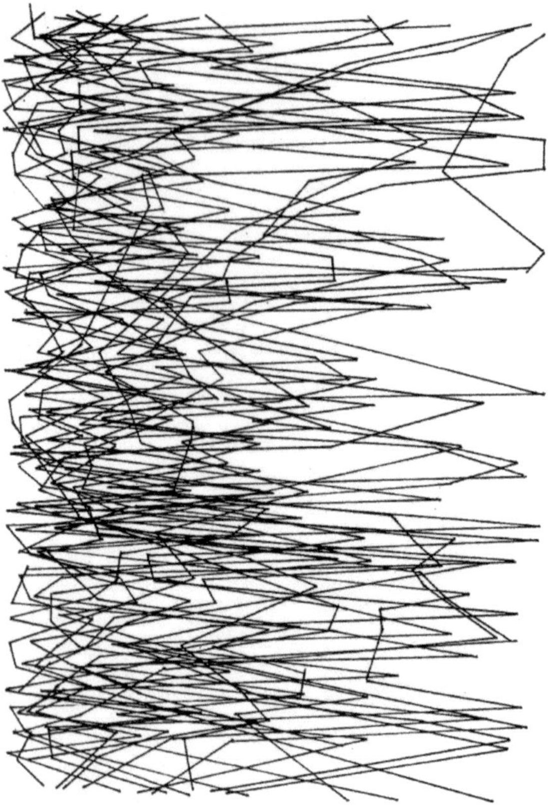

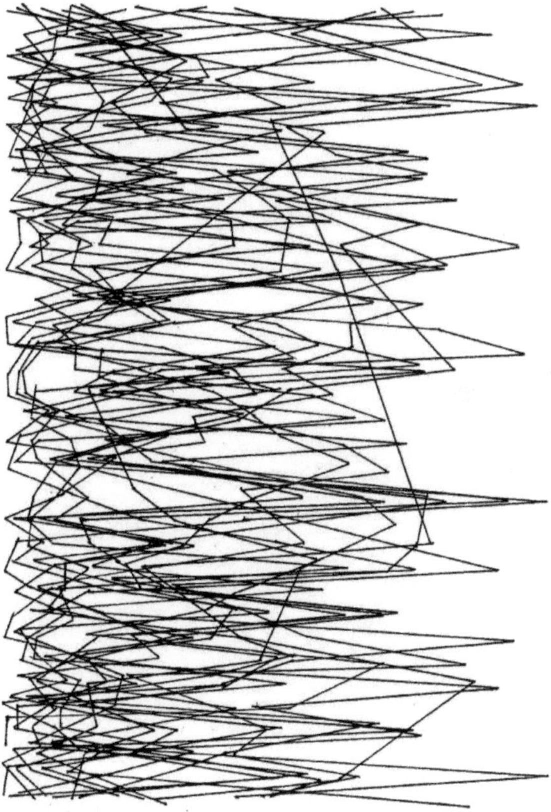

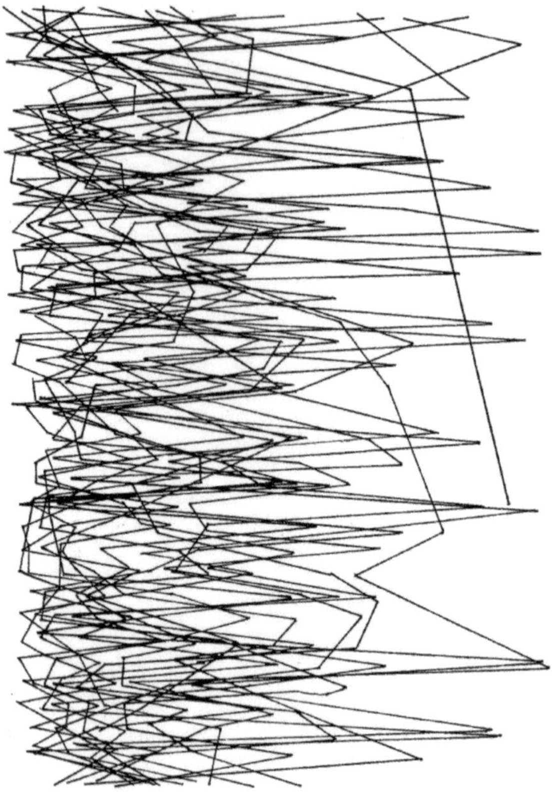

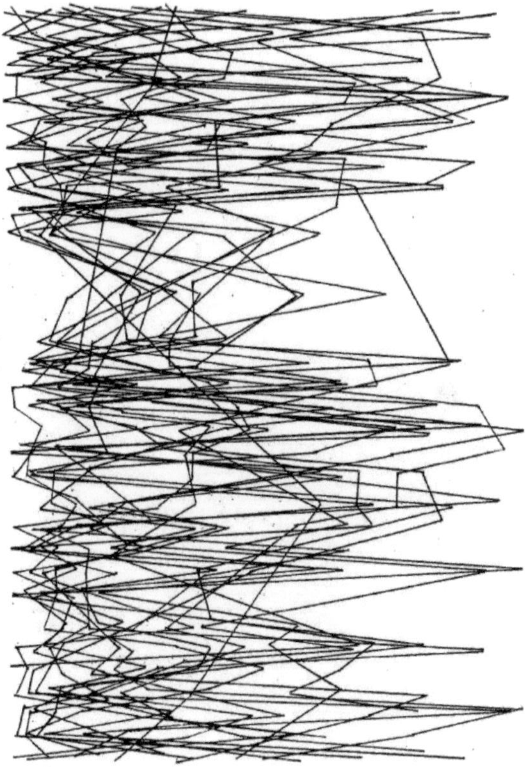

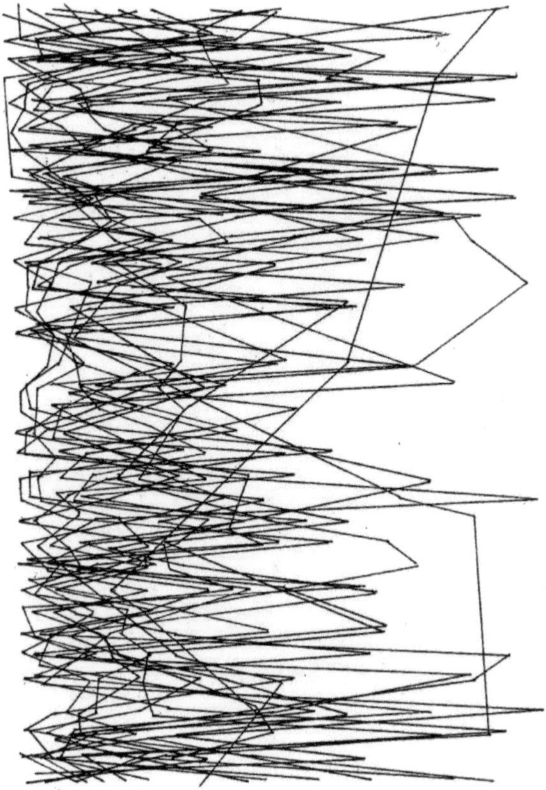

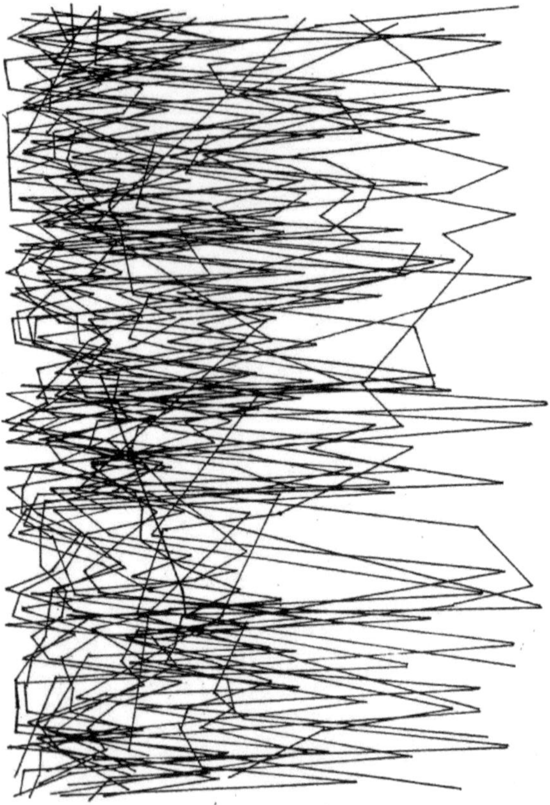

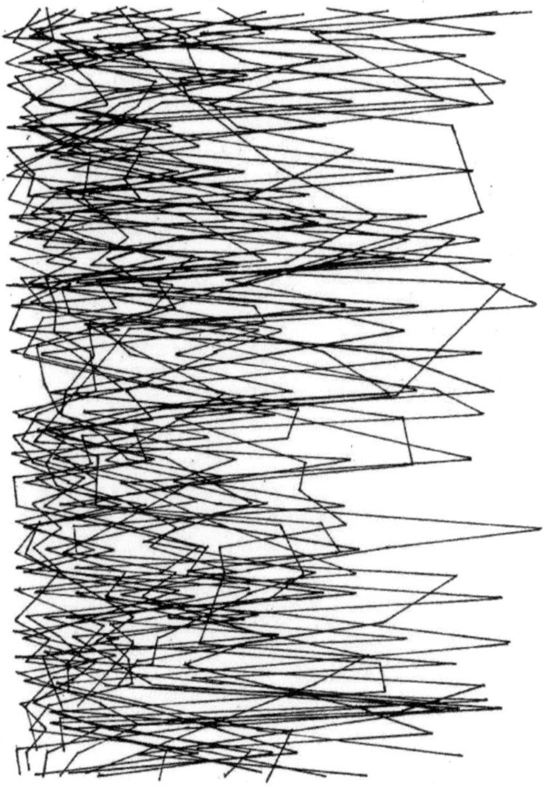

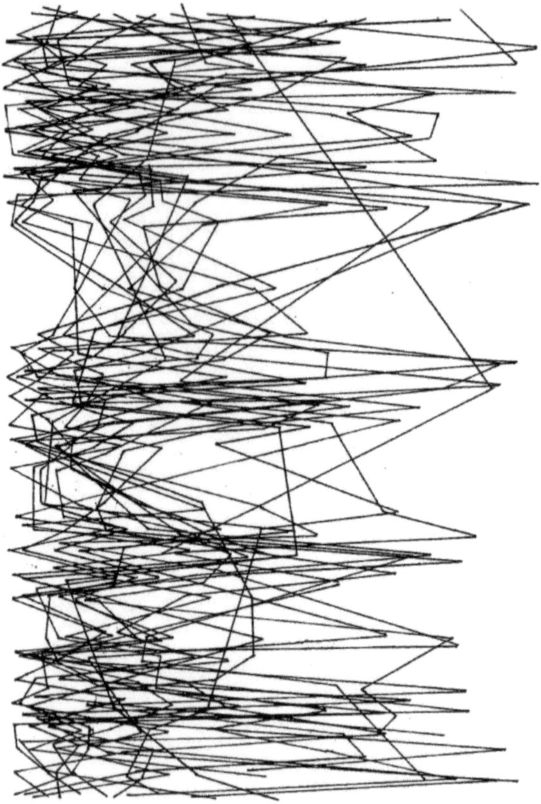

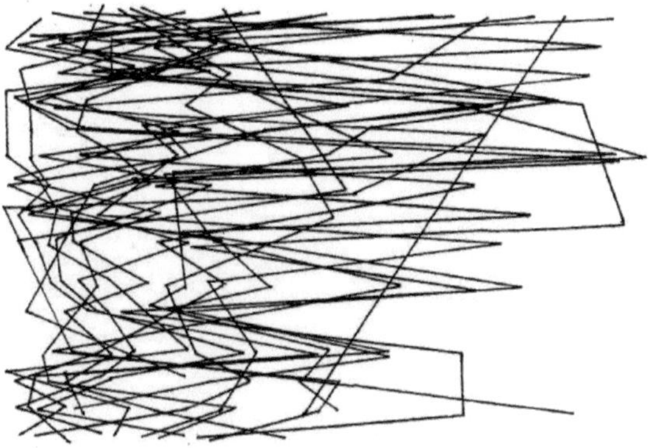

## Local Colour

Die Schwarz-Weiss-Graphik in *flatland: a romance of many dimensions* beschäftigt sich mit alphabetischen Häufungen und schärft das Bewusstsein für die eigentliche Flachheit einer Seite, wie dies im fiktionalen "Flatland" geschieht. In *Local Colour* werden ähnliche Lesetechniken auf Paul Austers Roman "Schlagschatten" (Orig.: *Ghosts*, 1986) angewendet. In *Ghosts* werden die Unternehmungen des Privatdetektivs Blue, seine Verwicklungen und Interaktionen mit den Figuren Black und White und die Herausforderungen bei der Arbeit an einem Roman beschrieben. Je weiter die Erzählung fortschreitet und je mehr Blue über die Hintergründe seines Auftrags erfährt, umso dichter und obsessiver wird das Spiel mit den Eigennamen des Texts.

> First of all there is Blue. Later there is White, and then there is Black, and before the beginning there is Brown. Brown broke him in, Brown taught him the ropes, and when Brown grew old Blue took over. That is how it begins. (Paul Auster, *Ghosts* )

*Local Colour* ist das Ergebnis einer konsequent reduzierten Lektüre von *Ghosts*, die sich nicht am Plot bzw. dessen Auflösung oder an Charakterentwicklungen orientiert, sondern – wie in "Flatland" – an tatsächlichen Wortvorkommen. *Ghosts* spult die Genreelemente des Detektivromans ab und verwebt darin Strassennamen und andere Geographika in Brooklyn Heights, Manhattan etc. *Local Colour* wendet die Auster'sche Logik auf den Text selbst an. Nochmals: Lesen ist kartographische Arbeit. Und *Local Colour* ist insofern eine solche, als es die Farbwörter in *Ghosts* markiert. Eine Lektüre mit dieser Einschränkung entwickelt einen Text, der eine rein deskriptive, plotgetriebene Erzählung und deren traditionelle Merkmale aufgibt. Es bleiben Wörter, die wie

Gegenstände, Ziffern oder leuchtende Sprachpixel behandelt werden und die genau den lokalen Farben ("local color") entsprechen, die in diesem Roman auftauchen. Nach der Löschung aller Wörter mit nichtchromatischer Semantik wurden die Verbliebenen als Vierecke in entsprechenden Farben dargestellt. *Local Colour* ist somit ein Roman ohne Wörter, aber einer, der denjenigen Austers – geographisch, semantisch – in eine andere Form übersetzt bzw. transformiert. Ein Roman, bereinigt von all seinen typischen Zeichen, aber mit leuchtenden Flecken im Nichts.

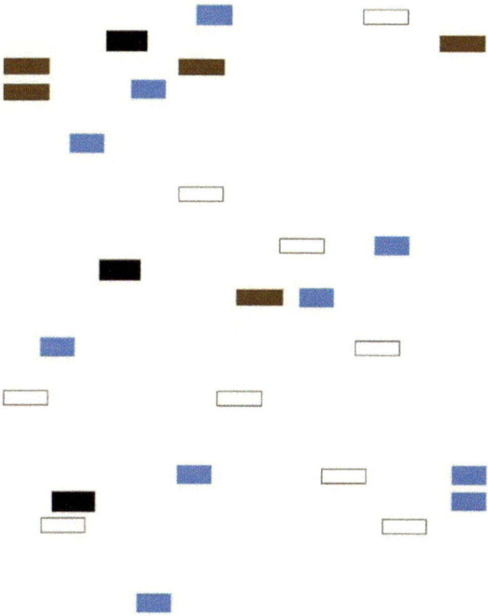

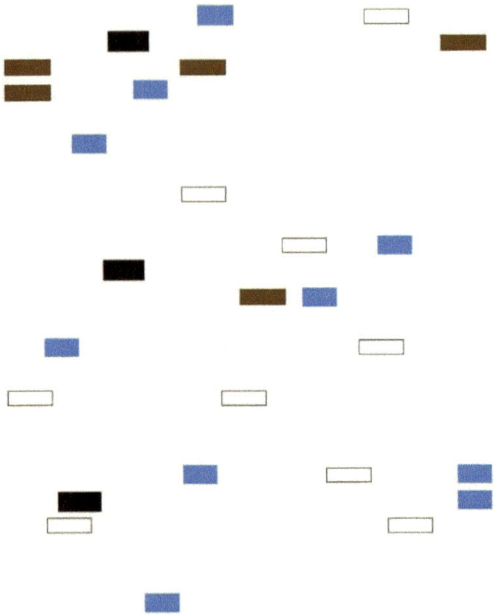

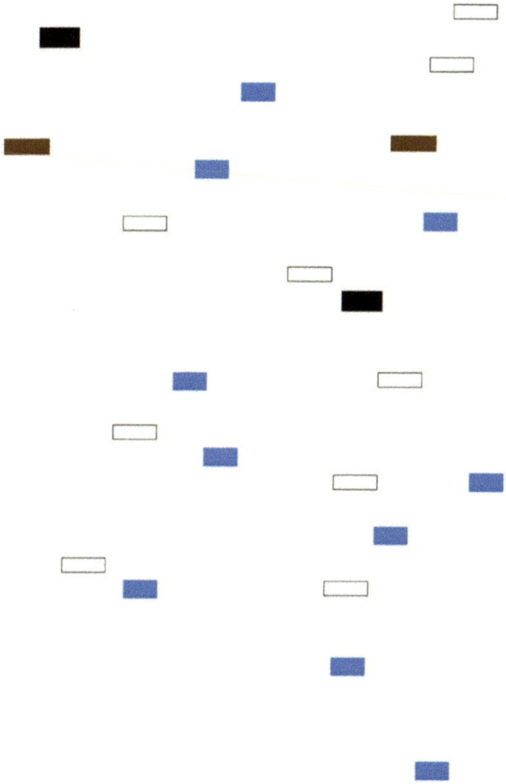

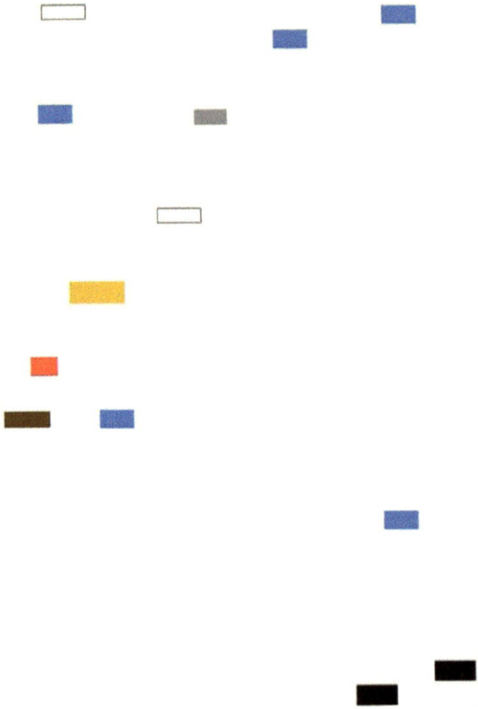

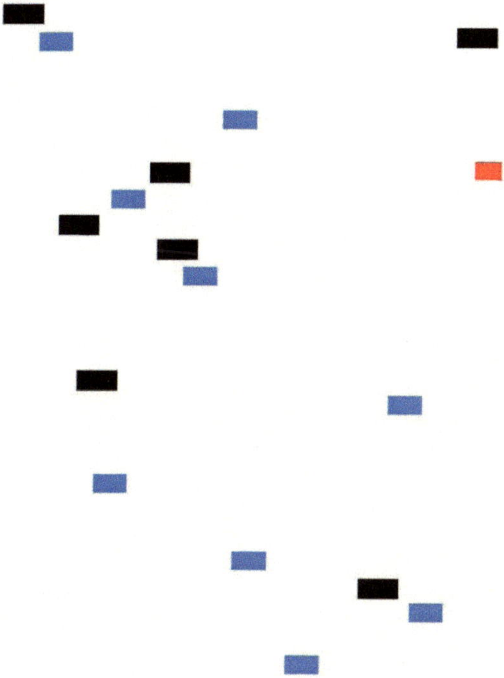

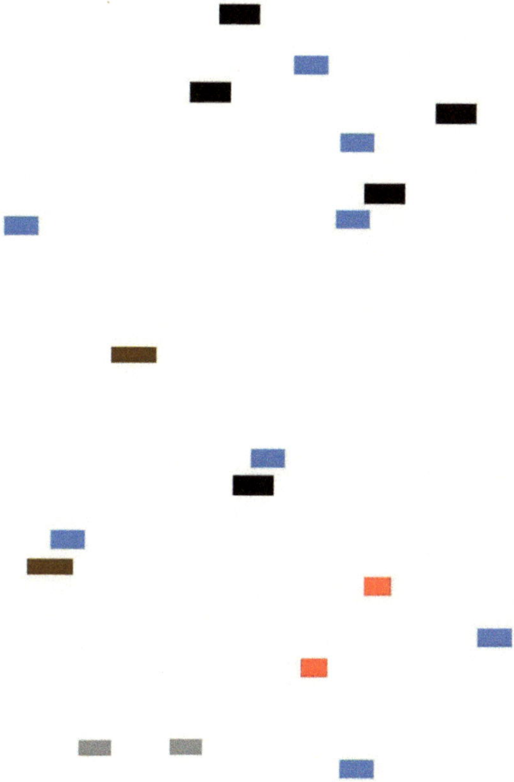

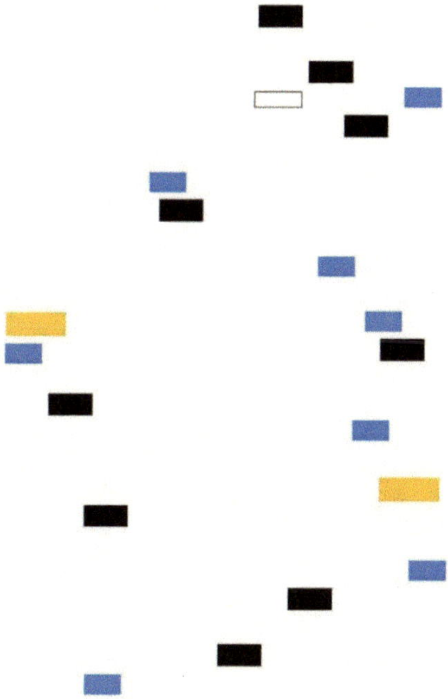

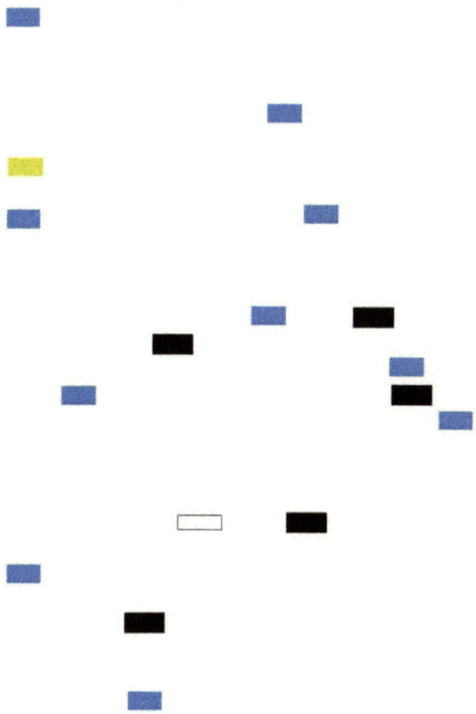

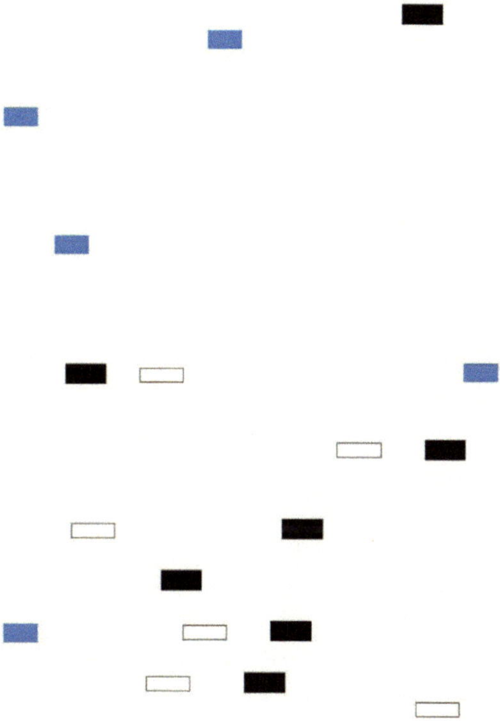

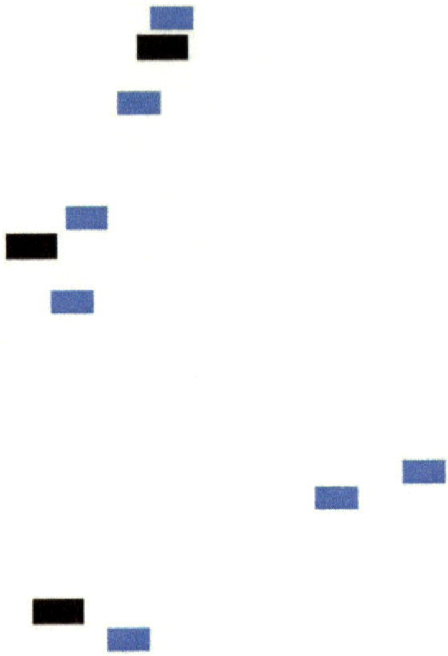

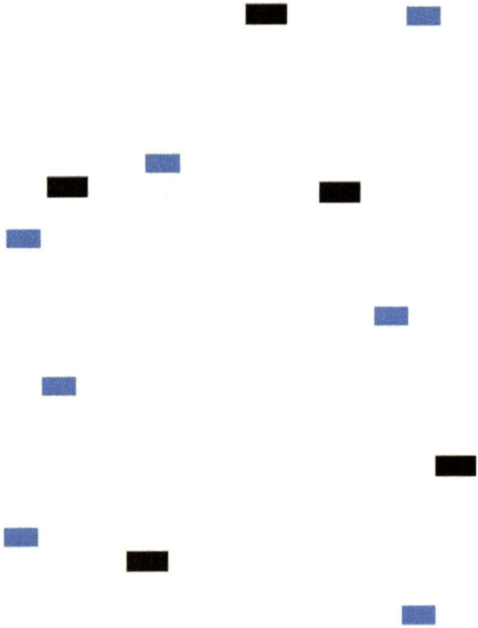

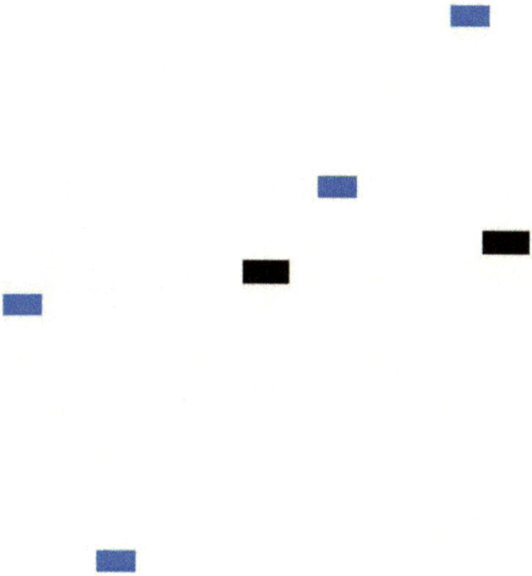

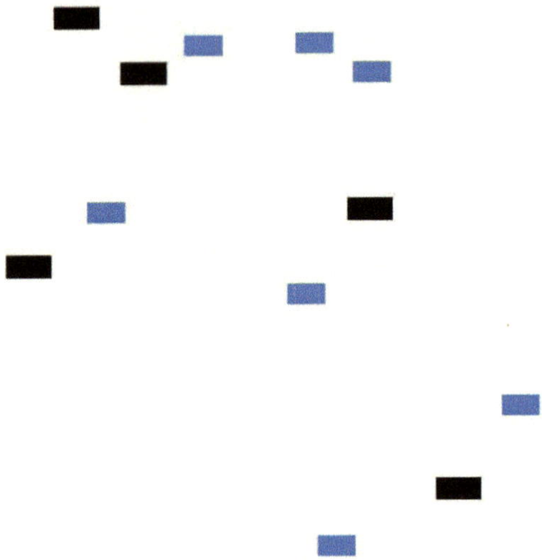

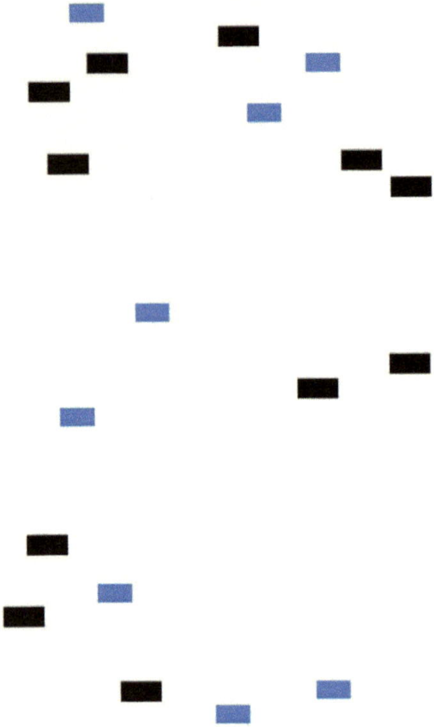

## a a novel

Andy Warhols *a a novel* erschien im Herbst 1968. Der Text enthält die transkribierten Gespräche des factory-Bewohners "Ondine" (Robert Olivo). Ondines amphetamingeschwängerte Unterhaltungen wurden auf Tonbänder aufgenommen, als dieser in der factory umherlief oder Taxis für Nachtclubs und Partys organisierte. Sie verhandeln vor allem den Klatsch in Warhols Entourage. Die Bänder wurden von vier Stenografie-Schülern (u.a. Moe Tucker von The Velvet Underground) transkribiert und enthalten typographische Fehler, zensierte Abschnitte und einen Chor von Stimmen. Die 451 Seiten der Transkription selbst wurden zu einem eigenständigen Pop-Artefakt.
Warhols *a a novel* stellt dabei die Glaubwürdigkeit der Transkription über die Notwendigkeiten eines Plots, Kontingenz über Vorhersagbarkeit, schliesslich Konzepttreue über Inhaltlichkeit.
Auf jeder Seite von Warhols Originaltext wurde der gesamte Text bis auf die Satzzeichen und onomatopoetischen Wörter von Beaulieu eliminiert. In Adornos Essay "Satzzeichen" (1956) werden diese als die Verkehrszeichen literarischer Texte verhandelt: "In keinem ihrer Elemente ist die Sprache so musikähnlich wie in den Satzzeichen".
Das Ergebnis ist ein romanartiges *Ballet Mécanique.* Ein Zusammenspiel von Verkehrssignalen und Strassenlärm im New York der 1960er Jahre. Fahrzeuge, Reifen, Musikfetzen, Baulärm. Die interdisziplinäre Musikalität von *a a novel* spiegelt damit urbanes Leben und rückt das Beziehungsgeflecht nichtnarrativer Sounds ins Zentrum unserer Konversationen.

## I / I

Rattle, gurgle, clink, tinkle.
Click, pause, click, ring.
Dial, dial.

— (dial) , , , , ,
(dial, pause, dial-dial-dial),
, (busy-busy-busy). — ,
? . . Coin drops. Money jingles as coins return. Car noises in background.

(honk, honk) , , —(noise).

— . . . (cars honking, blasting). —

(noise).

( ), ( )

2

Washed-out noises.

? (Pause).

High-pitched honk.

(honk).

# 4

(pause)

5

(honk).

6

. (Noise.)

? (Noise.)

7

(Noise)

8

# 9

10

11

# 1/ 2

(coin drops, dialing, phone ringing).

12

. (Traffic noises.)

. (More traffic noise.)

**14**

16

18

19

(phone rings).

20

## Vexations
(for Erik Satie)

*Vexations (for Erik Satie)* löst die Partitur von Erik Saties gleichnamigem Meisterwerk durch wiederholtes, veränderndes Fotokopieren auf. Damit wird der Schreibansatz in Richtung Saties Konzept der "furniture music" bewegt, einer Musik also, die gehört, der aber nicht zugehört werden soll. Für dieses Stück wurde ein Lexmark-XM9155-Kopierer verwendet. Der händische Eingriff des Autors ist minimal, da durch den Fotokopierer selbst kleine Verschiebungen verursacht werden.

("Um dieses Stück 840 mal hintereinander spielen zu können,
wird es gut sein, sich im vorhinein darauf vorzubereiten,
und zwar in äusserster Stille, durch absolute Bewegungslosigkeit.")

—Erik Satie

# Vexations

Erik Satie

NOTE DE L'AUTEUR

*Pour se jouer 840 fois de suite ce motif, il sera bon de se préparer au préalable, et dans le plus grand silence, par des immobilités sérieuses*

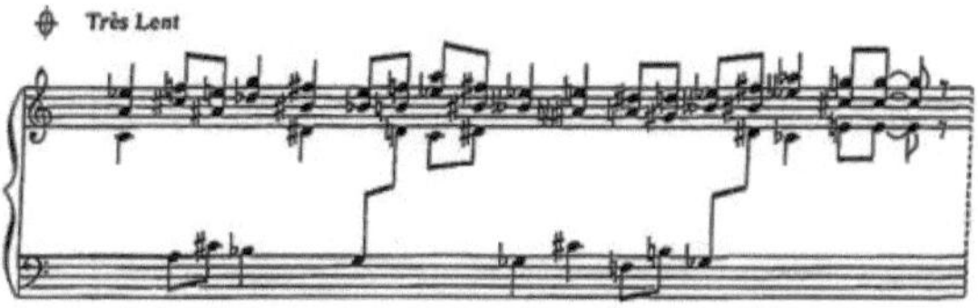

*A ce signe il sera d'usage de présenter le thème de la Basse*

THÈME

NOTE DE L'AUTEUR

*Pour se jouer 840 fois de suite ce motif, il sera bon de se préparer au préalable, et dans le plus grand silence, par des immobilités sérieuses*

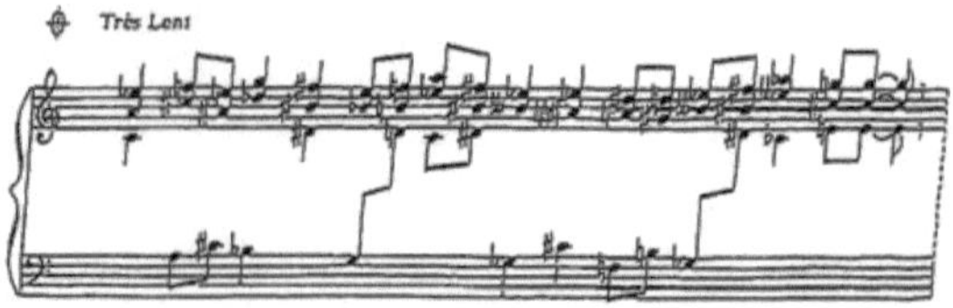

⊕ *A ce signe il sera d'usage de présenter le thème de la Basse*

THÈME

NOTE DE L'AUTEUR

*Pour se jouer 840 fois de suite ce motif, il sera bon de se préparer au préalable, et dans le plus grand silence, par des immobilités sérieuses*

Très Lent

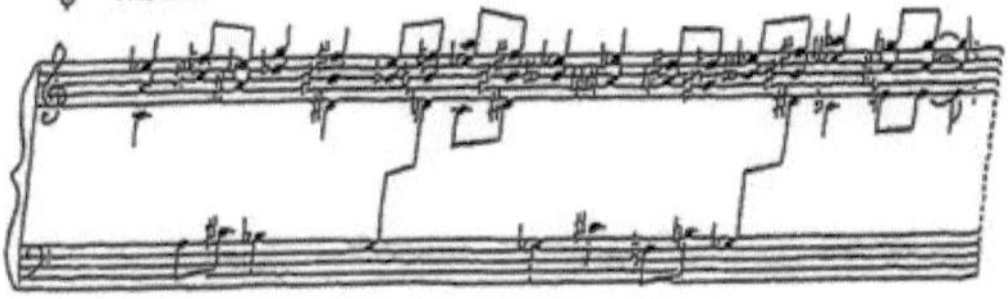

*A ce signe il sera d'usage de présenter le thème de la Basse*

THÈME

NOTE DE L'AUTEUR

*Pour se jouer 840 fois de suite ce motif, il sera bon de se préparer au préalable, et dans le plus grand silence, par des immobilités sérieuses*

Très Lent

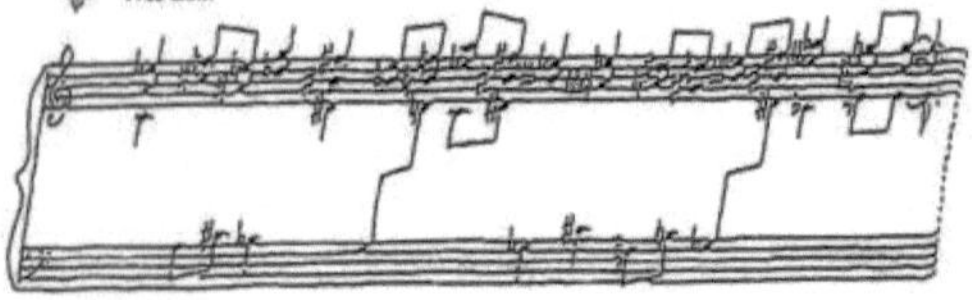

*A ce signe il sera d'usage de présenter le thème de la Basse*

THÈME

NOTE DE L'AUTEUR

*Pour se jouer 840 fois de suite ce motif, il sera bon de se préparer au préalable, et dans le plus grand silence, par des immobilités sérieuses*

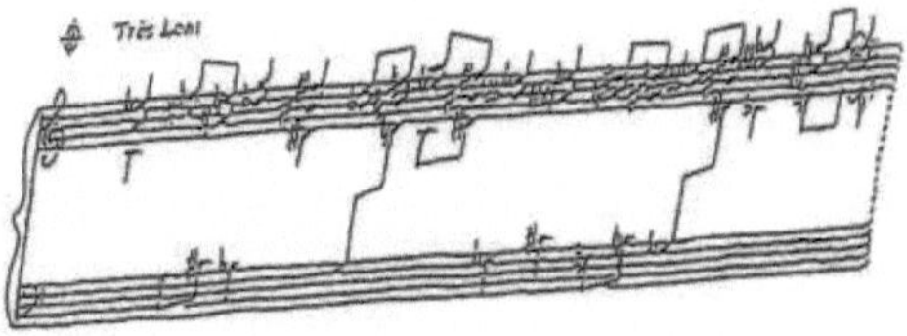


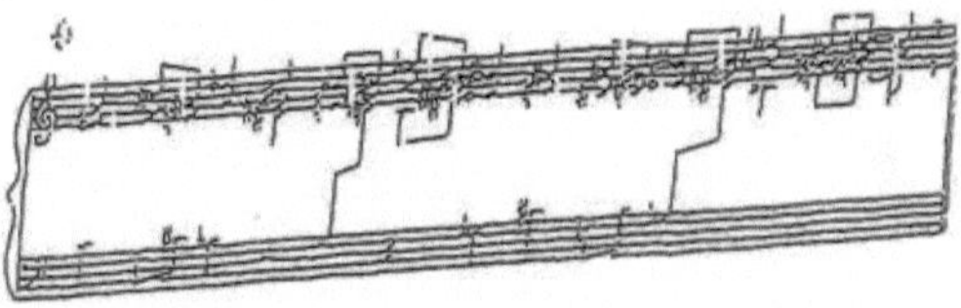

*A ce signe il sera d'usage de présenter le thème de la Basse*

THÈME

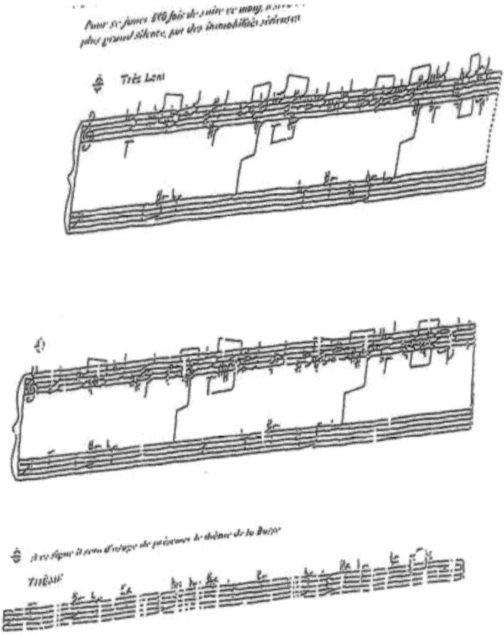
Très Lent

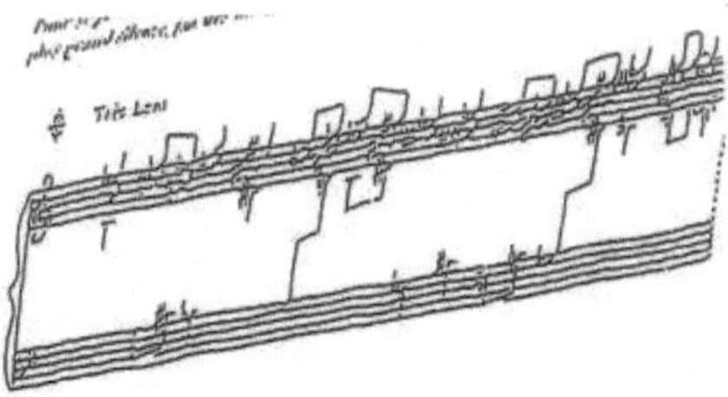

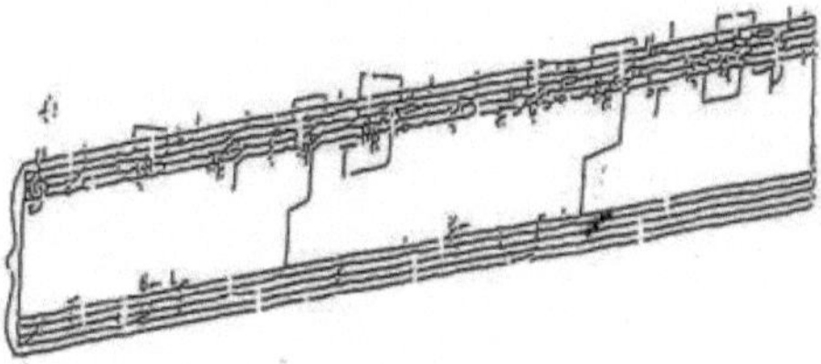

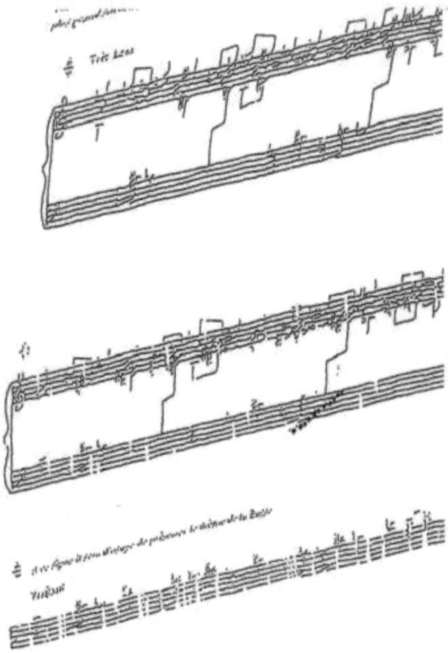

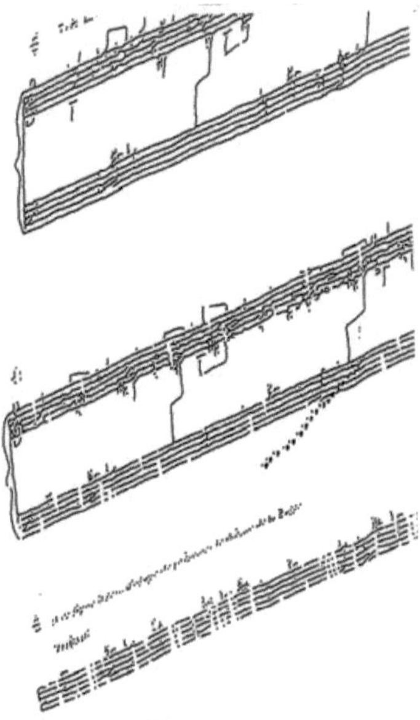

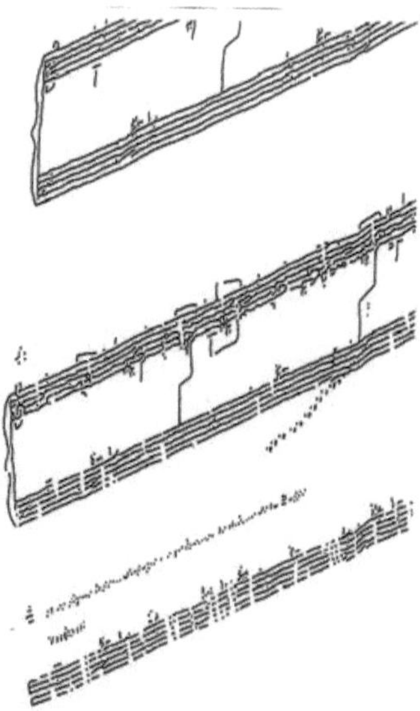

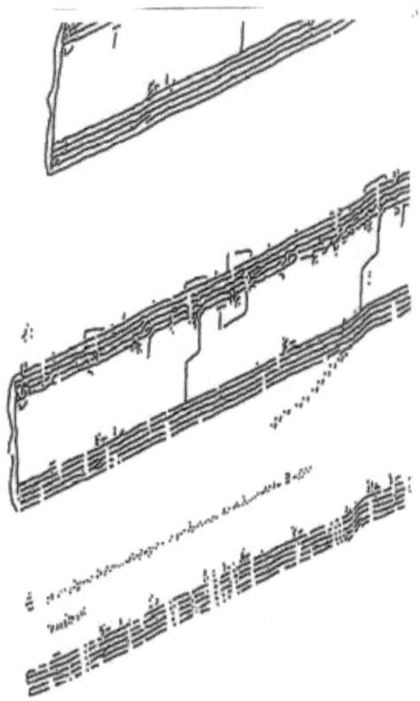

# Kürzere Texte

## The Duchamp Opening

Duchamps Neologismus und Konzept des *inframince* ist schwer zu fassen. Er selbst führt dafür Beispiele an wie die zwei Schachfiguren, die aus gleichem Material sind, die gleiche Funktion haben, aber eben mit dem Unterschied, schwarz bzw. weiss zu sein. Anstelle seiner künstlerischen Entwicklung gab Duchamp der Ausbildung zum professionellen Schachspieler den Vorzug. Seine Beziehung zum Schach war aber auch eine durchaus künstlerische.

> The chess pieces are the block alphabet that shapes thoughts; and these thoughts, although making a visual design on the chessboard, express their beauty abstractly, like a poem .... I have come to the personal conclusion that while all artists are not chess players, all chess players are artists.

Beaulieu, inspiriert von Duchamps poetischer Evokation eines Schachbretts, übersetzt in dieser Arbeit die Spieleröffnungen von Duchamp in eine Reihe von Bildzeichen. Auf den acht mal acht Feldern werden dabei jeweils die Positionen der schwarzen Figuren nach dem Eröffnungszug aller von Duchamp überlieferten Schachpartien repräsentiert. Ästhetisch wird dabei auch auf John Conways *Game of Life* angespielt – ein Darstellungssystem aus dem Bereich der Automaten-Theorie.

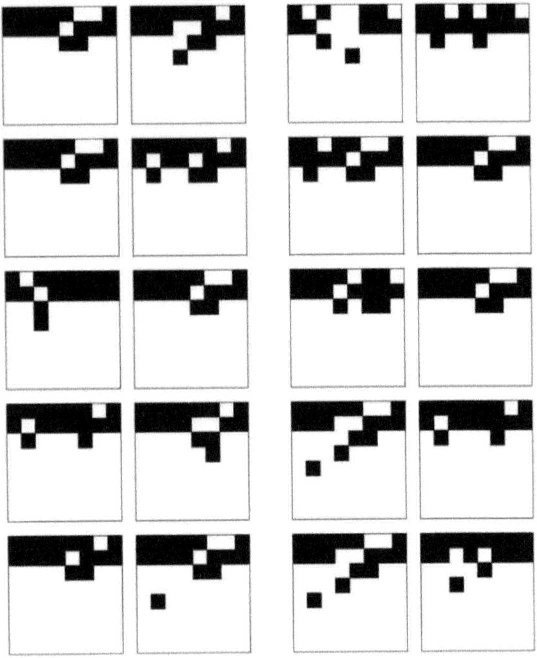

## Five Poems
(for Leonard Dawe)

Leonard Dawe war Schulleiter der Effingham School in Surrey (England). Während des Zweiten Weltkriegs entwarf er Kreuzworträtsel für *The Daily Telegraph*. In den Monaten vor der *Militäroperation Jubilee* enthielt eines von Dawes Kreuzworträtseln auch das Wort "Dieppe" ("Französischer Hafen"). Der MI5 machte sich daraufhin zunehmend Gedanken über Dawes Loyalität, besonders auch als die Wörter "Gold", "Schwert" und "Juno" auftauchten, die mit der D-Day-Invasion am 6. Juni 1944 in Verbindung gebracht wurden. Der britische Geheimdienst ging allerdings von einem Zufall aus, da diese drei Wörter doch relativ häufig in Rätseln zu finden waren. Dawe wurde schliesslich vom MI5 verhaftet, nachdem in seinen Kreuzworträtseln die Wörter "Utah", "Mulberry", "Neptune", "Omaha" und "Overlord" vorkamen. Später wurde er vom Vorwurf der Spionage freigesprochen, konnte aber nie überzeugend erklären, wie diese Wörter Eingang in die Kreuzworträtsel gefunden hatten.
Die fünf Graphiken stellen die schwarzen Quadrate in Dawes Kreuzworträtseln dar.

## Game of Life: A User's Manual

(after Georges Perec)

In den 1970er Jahren publizierte Perec Kreuzworträtsel in der Regionalpresse und fügte damit seinem Œuvre eine neue Gattung hinzu. Die Rätsel erschienen nochmals bei Gallimard als *Les mot croisés* (2012). Perecs Kreuzworträtsel sind überaus anspruchsvoll und verwenden so wenige Quadrate wie möglich. Beaulieus *Game of Life: a User's Manual* verwendet daraus 90 Rätselgitter und arrangiert diese stadtplanartig nach einem Wohnblock im 17. Arrondissement von Paris, der in Perecs *Life: A User's Manual* eine Rolle spielt.

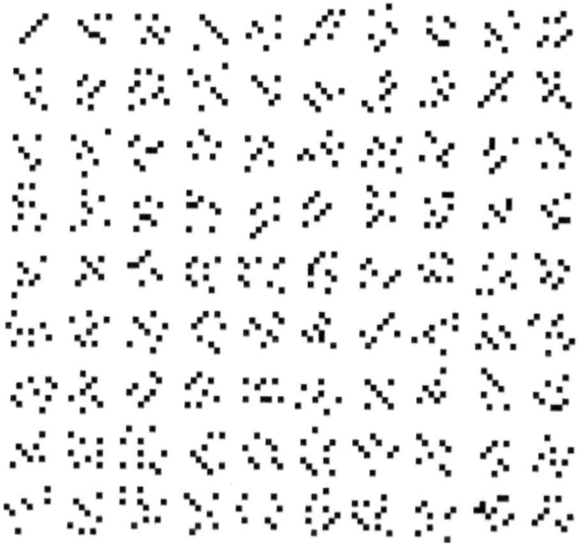

# A Disappearance
(after Georges Perec)

In dieser visualisierenden Übersetzung wird das in Rimbauds *Voyelles* vorgeschlagene Farbspektrum des Alphabets auf das erste Kapitel von Perecs *La Disparition* angewendet.

> *A noir, E blanc, I rouge, U vert, O bleu: voyelles,*
> *Je dirai quelque jour vos naissances latentes:*
> *A, noir corset velu des mouches éclatantes*
> *Qui bombinent autour des puanteurs cruelles*

Jeder Vokal der ersten fünf Seiten wurde dementsprechend durch ein farbiges Rechteck ersetzt. Die Farbe Weiss für "e" ist dabei sehr dominant und wird zusätzlich vom Weiss der Buchseite unterstützt. Die schwarzen, roten, grünen und blauen Rechtecke flirren vor diesem Hintergrund.

Dank an

Kristen Beaulieu, Madeleine Beaulieu, Charles Bernstein, Gregory Betts, Christian Bök, Craig Dworkin, Kenneth Goldsmith, Helen Hajnoczky, Bill Kennedy, Simon Morris, Marjorie Perloff, Jordan Scott, Nick Thurston, und Darren Wershler.

Von Derek Beaulieu erschienen die Gedichtbände *with wax, fractal economies, chains, silence, ascender / descender, kern, frogments from the frag pool* (zus. mit Gary Barwin) und *Please no more poetry: the poetry of derek beaulieu* (Ed. Kit Dobson). Er publizierte vier Sammlungen mit konzeptuellen Texten: *flatland, Local Colour, a a novel* und *How To Write* (nominiert für den W.O. Mitchell Award). Er ist Autor zweier Essaysammlungen: *Seen of the Crime* und *The Unbearable Contact with Poets.* Beaulieu ist Co-Herausgeber von Bill Bissetts *RUSH: what fuckan theory* (mit Gregory Betts), *Writing Surfaces: fiction of John Riddell* (mit Lori Emerson) und *The Calgary Renaissance* (mit Rob Mclennan). Ausserdem ist er Verleger von *no press* und Herausgeber von *visual poetry* bei UBUWeb. Beaulieus Werk wurde in Canada, den USA und Europe ausgestellt. Er ist preisgekrönter Dozent für Kreatives Schreiben und zeitgenössische Literatur. 2014–2016 war Derek Beaulieu *Poet Laureate* von Calgary (Canada).

edition taberna kritika
Neuerscheinungen 2016/17

Christian de Simoni
Das Rigilied
ISBN 978-3-905846-44-7

Hartmut Abendschein
nicht begonnenes fortsetzen
ISBN 978-3-905846-43-0

Christina C. Messner
to shake shake shake
ISBN 978-3-905846-42-3

Robert Musil
Über die Dummheit
ISBN 978-3-905846-41-6

Giorgio Caproni
Il seme del piangere / Die Saat des Weinens
ISBN 978-3-905846-40-9

Rainer Hoffmann
Abduktionen, Aberrationen II
ISBN 978-3-905846-39-3

Ausführliche Informationen über unsere
Neuerscheinungen und das Gesamtprogramm finden Sie im
Internet unter http://www.etkbooks.com
edition taberna kritika
Gutenbergstrasse 47
CH - 3011 Bern
Tel.: +41 ( 0 ) 33 534 9 308
info@etkbooks.com | http://www.etkbooks.com